幼儿园环境布置系列
Environment arrangement

活动区角设计

Contents 目录

门厅

拟人化的树公公四季常青，能让小朋友从小树立正确的环保意识，从爱护一草一木做起。同时，在节假日期间，小朋友可以将自己动手制作的手工作品悬挂在树公公的枝头上，与树公公一起分享快乐。

注：O——Objective（创作意图），M——Materials&tools（制作材料及工具），P——Procedure（步骤）

舞蹈室

大三班
Big III Class
主题目标
主题网络

dance
big class one
大一班
dance
大一班 大二班
家长英语培训场地

财务室

医务室

洗手间

洗手间

后门装饰

M：卡纸、剪刀、过胶纸、双面胶。

P：1. 将卡纸做成一位漂亮妈妈的形象，再用卡纸剪出多个爱心，老师在方形卡纸上写出要求。

2. 将准备的各种材料用双面胶固定在门上。

进区卡

为加强幼儿安全防范意识，严格把好幼儿接送关，确保幼儿人身安全，每个班级必须设计幼儿进区卡，以便老师随时掌握幼儿的出勤情况。

这个进区卡的设计很特别，很有童趣。小朋友是不是每天来上幼儿园，长颈鹿最清楚。

进区卡的设计可以结合幼儿的特点，充分发挥想象力，制作出各种不一样的造型。这些进区卡造型生动、活泼，能让幼儿感受到家的温暖。

可爱的小绵羊

绵羊身体由纸盒或硬纸板制作而成。每只绵羊代表一名幼儿，幼儿来到幼儿园，就将毛线缠绕在代表自己的绵羊身上，可锻炼幼儿小手肌肉的发展。

好孩子表

M：黑色底板、黄色桃心卡、孩子一寸照片、卡纸、红绿枫叶若干、绿色透明筷套。

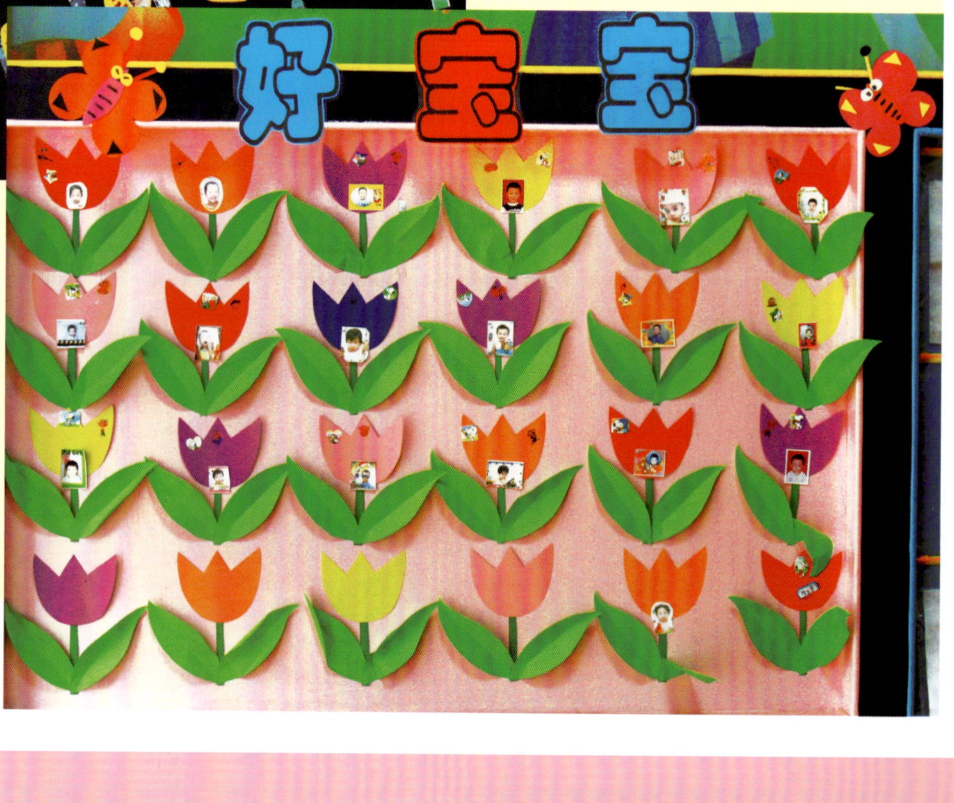

谁最棒？我最棒！我每天都来上幼儿园，是个人见人爱的乖宝宝！

进区卡

花儿朵朵

走廊

在楼梯间设计一些可爱造型，配上礼貌用语，让孩子们在潜移默化中受到教益，同时也美化了楼梯环境。

通过教室外墙向幼儿传授各种生活常识，将孩子们的绘画及手工作品展示出来，让他们在愉快、自由、自主的环境中成长。这是我们的责任，也是我们的义务。

孩子们的绘画作品，色彩鲜艳、生动，充满童趣，是幼儿园环境布置最好的材料。

在走道或楼梯较大面积的空墙上，布置一些充满童话意味的画面，让孩子们将自己的绘画作品及各类资料展示出来，能增强孩子们学习的兴趣和信心，让他们感到莫大的幸福。

中秋节是我国的传统节日，结合主题活动，让孩子们收集各种月饼盒装饰墙面，既美化了环境，又能让孩子们感受到传统文化的魅力。

伞是日常生活中的必需品，用多种彩纸，制作出多样的花伞装饰在走廊上，是又一番别样的风景，有种浓烈的节日气氛。

处处是教育之地，时时是教育之时。这个多彩的环境设计，很好地诠释了这种理念。

将进区卡设在外走廊上，让可爱娃娃和孩子们的照片贴在一起，能让孩子们感到亲切、自信。

环境应具有教育的功能。幼儿园的环境布置可以让幼儿在潜移默化中受到教益，同时在参与环境布置的过程中，获得认知的发展，激发学习兴趣和求知欲望。

很童趣的设计，每个鱼宝宝就是一个值日生，孩子们每天上楼第一眼就可以看到自己，并主动当好值日生。

为营造艺术氛围，将幼儿的作品用多种形式展示出来，让幼儿感受到艺术无处不在，从而受到艺术的熏陶。

楼梯一角

O：让孩子感受到英语学习的氛围。

M：即时贴、泡沫板、水果及英语图片。

娃娃休闲区

创设一个自由、宽松的语言交流环境，在自然的生活情境中，促进幼儿语言表达、语言运用、社会交往等能力的发展。

本来是一个不大的异形走廊，经过巧妙布置，便成了一个娃娃之家，孩子们在这里嬉戏玩耍，一点也不显狭窄。

角落

充分利用各个角落设计不同栏目，适时对幼儿进行知识、伦理教育，让幼儿宛如置身童话世界，在不知不觉中受到教益，这是幼儿园环境布置最终的目的。

巧妙利用教室中的柱子，设计了生日树，哪个小朋友过生日，就将自己的自画像挂在生日树上，很特别，很有童趣。

O：小班孩子挑食现象严重，通过收集各类食物图片，让其了解食物有不同的营养成分，帮助他们改掉挑食的不良习惯。

M：师生搜集的各种食物的图片、卡纸、包装彩纸、发泡纸、皱纹纸、一次性餐盘。

利用门边的空隙或走廊角落，结合主题活动“神秘洞”设计了一个植物角，让孩子们了解洞洞的奇异与无处不在，探索洞洞的不同用途及与植物生长的关系，共同创建“洞洞之国”。

在教室的角落，巧妙地设计了一棵健康开心树，让孩子们将自己的自画像挂在上面，很有童趣，很特别。

老式房屋往往会有些暖气管道裸露在外，影响教室美观。但经这样巧妙地装饰后，这个管道宛如一条绿色长廊，将美传递到四面八方。

怪脸图腾

用纸袋和多种美工材料让幼儿发挥想象创作的“怪脸图腾”，既展示了幼儿的美工作品，又美化了柱子。

这个设计更特别，利用废旧报纸、牛皮纸，做成一株奇异树，上面挂满了各种小动物，就像是动物王国，既美化了环境又充满童趣。

我的舞台我做主

在教室一角设计一些壁柜，将孩子们平时活动时的各种操作材料有序摆放，既方便孩子取用，又能培养孩子良好的行为习惯，同时也美化了教室环境。

这个立柱本来很碍眼，但经过巧妙的设计、装饰，便成了教室亮丽的一景。

在教室一角、窗户边、门后“死角”因地制宜设计一些栏目，能有效利用空间，让教室每一个角落都亮丽起来。

利用废旧材料设计一些怪脸娃娃，有序摆放在教室一角，角落顿时生动起来，成为教室亮丽的景致。

角色区

角色区是孩子们扮家家、玩游戏的场所，为了让孩子们玩得快活，我们设计了各种角色区域，让孩子们充分体验不同角色的乐趣。

角色区的设计，要求教师开动脑筋，大胆创设，也可请孩子、家长共同参与，营造各种不同氛围，让孩子体会不同角色，健康快乐地成长。

音乐表演角
秋来了

我爱厨房

弹琴、唱歌、跳舞、画画，幼儿园真快乐，孩子们的生活真丰富。

从小培养孩子对艺术的兴趣和爱好，是幼儿园教育工作者的责任和义务。

表演的舞台搭建好了，小朋友们，赶快上来表演节目，把你们的才艺充分展示出来吧！

这个角色区既是舞台，也是游戏角，孩子们在这里随心所欲地表演、玩耍，在不经意间受到艺术的熏陶。

美工区

有条件的幼儿园，可以专门为孩子们设计一个美工区，让孩子们在这里接受艺术的熏陶，感受艺术的美。

这是孩子们活动的美工区，堆满了多种美工材料。孩子们进入到这个区域，需在老师指导下有目的地活动。

为了提高孩子们在美术活动中的积极性，我们将孩子们的作品展示在美工区，让孩子产生一种成就感，从而更加喜爱美术活动。

扣一扣

针对小班幼儿的年龄特点，以扣小花的形式，让幼儿充分体验在玩中学、学中玩的乐趣。

孩子们的想象力和动手能力在这个区域得到了充分展示。利用孩子们的作品和他们平时常玩的玩具布置活动区，是种不错的选择。

经过装饰的孩子的作品，很有艺术感，是最好的装饰品。

柜内提供各种手工材料，幼儿将制作好的作品放在柜子上展示，既美化环境又增添了幼儿制作的兴趣。

投放多种制作材料，如牙膏盒子、纸袋、动物不完整的图片、毛线、彩纸等，幼儿可自由选择操作。

美术交响曲

在美术活动室，营造出充满童趣的艺术氛围，为孩子们提供多种材料，让他们拼拼剪剪，涂涂画画，大胆地进行艺术创作。从小受到艺术的熏陶，对他们将来人格品质的塑造大有益处。

美工区

国画作品展

幼
儿
作
品

POST
A
a
D
E
B
b
e
F
H
h
I
N
J
j
K
k
q

美工吧，是孩子们想象创造的摇篮，各种废旧材料是孩子创作的源泉。孩子们能在玩中学，学中玩，从而体验到成功的乐趣。

孩子们利用多种废旧材料，制作出一个个形象精美的作品，充分表现了孩子们丰富的想象力和动手能力。

美工吧

宝贝巧巧手
banana
香蕉
strawbarry
草莓

这个美工区向幼儿展示了色彩与艺术的魅力，孩子们在这里玩色玩墨，剪剪贴贴，不经意间一件件精美的艺术品就创作出来了。

窗户

太阳出来暖洋洋，让可爱的绿色植物沐浴在温暖的阳光里。

看，它们都挂在防盗网上，摆在这里不占地方，还能美化环境。

这个窗户用数字来装饰，周围贴上了不同造型的钟表，是一个不折不扣的数学角。

这个窗户的装饰很特别，很浪漫。试着把窗户打开一下，看看又会出现怎样一幅画面呢？

这个窗户的设计有点食物角的味道。这是充分利用了环境区域的特点设计的，很有借鉴和参考价值。

把圣诞树设计在防盗网上，孩子们可以将贺卡、礼物都挂在上面，既美化了环境，又能满足孩子的心愿，设计很巧妙。

广告之窗

广告之窗

O：让幼儿了解商品的由来及流通过程，体会参与的乐趣。

M：彩纸、多种商品信息。

P：将多种商品信息做成广告，贴在上面。

活动区

我们的小超市有丰富的商品，而且明码标价，小朋友当当售货员，可锻炼交往能力，提高数学水平。

水墨画、书法、中国民间剪纸、京剧脸谱、纸伞，这些代表中国文化的元素用在活动区中，能让孩子们直观地感受到中国文化的魅力。

根据幼儿特点，巧妙设计多种区域，供幼儿活动、玩耍，能美化环境，丰富幼儿的生活，让幼儿在潜移默化中增长知识，提高能力。

这是孩子们和老师一起设计的美好家园，材料就是多种积木及废旧物品，孩子们在和老师的共同创建中，充分发挥想象力，将自己心目中的美好家园搭建起来，同时也培养了动手能力。

提供丰富的材料，让幼儿自己动手制作，丰富多彩的表演道具让幼儿如鱼得水，在充满童话色彩的世界里遨游。

这是为大班孩子设计的科学区角。符合年龄特点的操作材料、生动的形象和鲜艳的色彩，一下子就能吸引孩子的目光。

配合主题活动，用京剧脸谱制作屏风，让孩子们感受到中国文化的魅力，很有创意，很美好。

伞的故事

伞下有四只可爱的小猫咪，它们在和小朋友讲着伞下的故事，这四只小猫可是很有名的一位英文作者写的英文书中的人物呢！

后来小朋友们自己画了可爱的小伞并自己制作了一把伞，将小小的雨伞送给爱我们的妈妈，有太阳的时候为妈妈遮阳，有雨的时候为妈妈挡雨……

这是活动区进区卡的门卡，每个活动区只能有五个小朋友进去活动。只有把自己的卡插进了进区卡里，小朋友才能进这个活动区玩。看，小猫守着门呢！

绿色小军营

2009
新春喜乐会

娃娃家和巧手吧在一起，孩子们的兴致很高，给娃娃喂饭、穿衣，给花瓶里贴上点碎花，给药盒里装点药，孩子们在他们的小天地里玩得可高兴呢！

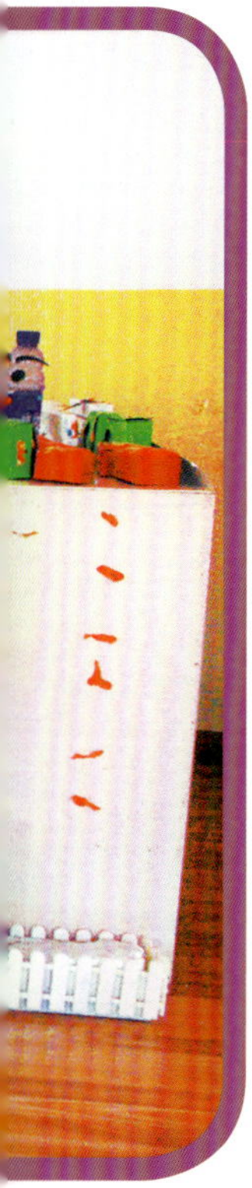

表演活动区

丰富的材料让幼儿自己动手制作，温馨的环境靠大家来营造，丰富多样的表演道具让幼儿如鱼得水，孩子们在充满童话色彩的世界里遨游。

益智区

英语角
slow and fast
slow. slow.
A bike is slow.
Fast. fast.
A bus is fast.
How are you?
I am fine.
Thank you!
plane
taxi
bike
truck
bus
car

棋类区
双打吃
扭羊头
老虎口

科学区
语言区
按颜色分类
按大小分类
按种类分类

来种花吧

英语角
English corner
lamp
台灯
ater
水
cookie
饼干
monkey
ilk
牛奶
curtain
窗帘
Are you hungry?
你饿了吗?
Don't
balcony
阳台
chair
椅子
bread
面包
rice
饭
cake
蛋糕
sofa
沙发
bedroom
卧室

O：激发幼儿学习英语的兴趣，创设双语环境，让幼儿随时随地学习英语。
M：彩纸、即时贴、泡沫纸。

这个区域既能预报天气，又能告诉小朋友多种气象知识，还能美化环境，真是一举几得！

O：激发孩子从小热爱科学的兴趣。
M：科学教具、彩纸、即时贴、玩具。

建构区

建构区提供幼儿发挥想象的空间，让孩子们在无拘无束中，编织自己的梦想，在快乐中成长。

建筑部

提供丰富的材料，让幼儿自由搭建，培养幼儿的想象能力和创造能力。

建构区的设计五花八门，材料也是生活中随处可见的。充分展示了老师们的想象能力和创造能力，体现了老师们的一片爱心。

家长园地

让幼儿园与家长之间有一个沟通交流的平台，加强幼儿园与家长之间的沟通，达到家长与幼儿园同步教育的目的。

家长园地是每个幼儿园环境布置必设的栏目，是幼儿园与家长沟通交流的平台，设计必须温馨、简洁、大方。

M：木支架、多色彩纸、卡纸、大头针、多种文件。

P：1.用支架布置好墙面，画好多种装饰图案，剪好并贴在支架上。

2.准备多种信息文字，直接对应粘上即可。

这个家园乐设计很特别，可爱的娃娃造型，很容易吸引人的眼球，家园互通的目的也就很容易达到了。

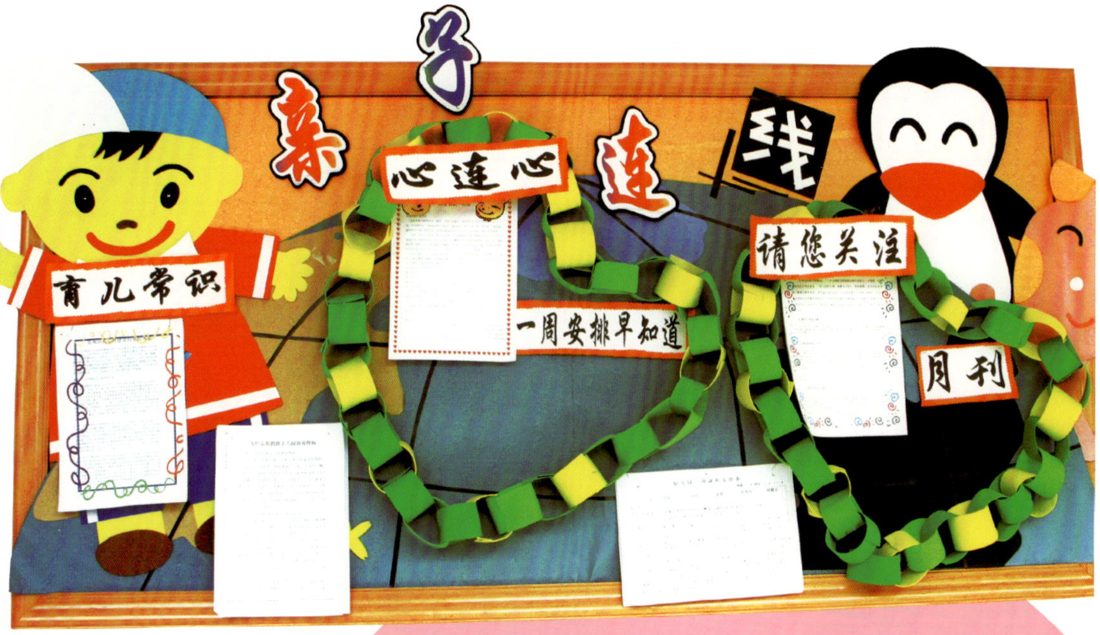

家长园地应适时将孩子的相关信息及教育动态展示出来，为幼儿的成长提供交流的平台。

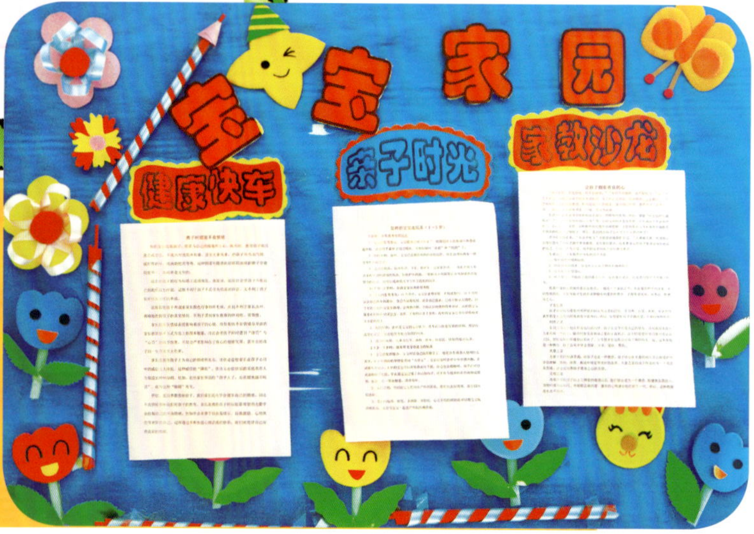

家长园地的设计既要与教室整体环境布置协调一致，又要吸引家长的眼球。一般可采用移花接木或巧妙嫁接的方式将要表达的信息传递给家长。

心手相连
周计划
家园互动
健康快乐
大家来说
月目标

家长园地
保育之窗
本月话题
教育文摘
教学计划

心连心
月目标
教师简介
心灵有约
保育之窗
周安排

娃娃家

娃娃家是孩子们过家家的场所。为了让孩子们感受到家的温暖，我们将娃娃家布置得温馨浪漫，就像自己的家一样。

Baby屋
baby's world
娃娃天地

娃娃家是小班幼儿的最爱。这里，我们收集了美丽的角色服饰及娃娃家的餐具、厨具等。在这个温馨的小家庭里，每一位幼儿都是出色的小演员。

娃娃家里有装着好吃食物的大冰箱，有许多可爱的小动物、小宝贝等着我们给他们穿衣服、喂食物——还等什么？快来吧！

吊饰

这些吊饰的制作很简单，材料是随处可见的。请你想一想，还有哪些废弃物品可以做成吊饰呢？

LOVE

孩子们的绘画作品经过巧妙装饰后，变成了五彩缤纷的吊饰，给教室增添了不少喜庆气氛。

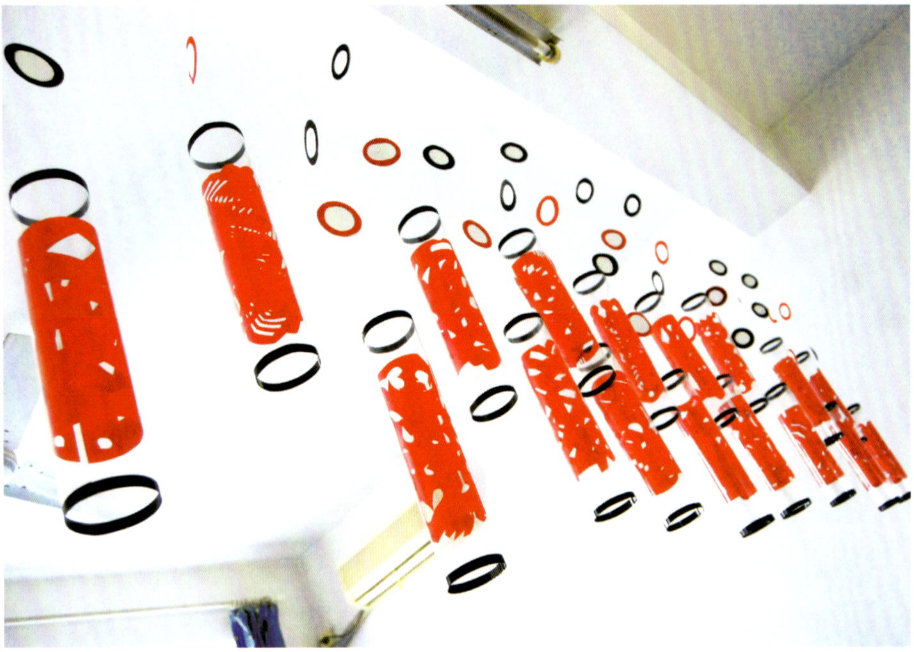

吊饰对美化教室环境起着举足轻重的作用。吊饰的制作不需要用复杂的材料，孩子们的作品，多种廉价、废弃的物品，经过老师们的巧手，都可以制作出千姿百态的吊饰来，挂在教室中，随风摇曳，是一番别样的情致！

吊牌

Art area
美工区
Art area

艺术长廊

科学区
science area

生态园
Come in!
Baby!
长廊

音乐区
Musicarea

Art Corner

彩虹折纸教室

美味厨房

Baby屋

图书角

123玩具城ABC

卫生间

鱼、水草、海浪……

孩子们走进洗手间，宛如走进海洋世界。简短文明的语言提示，潜移默化地影响着孩子们的行为习惯，小小洗手间融进了教师们对孩子的爱！

海豚
Dolphin

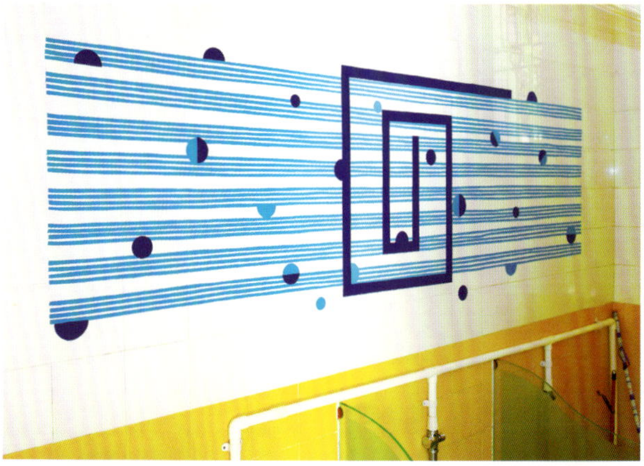

● 主　　编　张　卫　杜平凡　李凤莲　陈金芝　马克荣　刘　君

● 副 主 编　赵国英　杨惠玲　查　虹　严　红　胡　红　谭敦梅　代晓慧　李　娟　徐　锐

● 编　　委　程　芳　高　豆　孙　瑜　徐富鸣　冯寿萍　陈　亚　刘　焰　余丹青　邬德英
刘仁敏　王　丽　刘　芳　裴延军　于　蓓　乔　华　陈　社　施望琴　王　玲
杨　旭　毛继红　凌　辉　刘俊红　杨红霞　胡桂全　雷　莉　熊　瑛　叶　晖
程　婷　阮　臻　王　玮　周　萍　赵丽艳　余　朗　涂永胜　向　莉　张　琴
朱　霞　汪　琼　邓亚丽　韩　菁　张　颖　杨先慧　涂建荣　李婷婷　刘　卫

● 整体设计　穆　子　高　磊　杜小雨

● 封面设计　刘　玉

● 文字设计　汤　婧　邓亚丽

● 摄　　影　冯　欢　谢　鑫　关家治

● 协助 · 制作　邓亚丽　杜　倩

● 策　　划　曾琪琳

● 责任编辑　刘　莹

● 技术编辑　吴海峰

图书在版编目（CIP）数据

活动区角设计 / 张卫等主编.
—武汉：湖北美术出版社，2009.8（2018.8重印）
(幼儿园环境布置系列)
ISBN 978-7-5394-2800-0
Ⅰ.活…
Ⅱ.张…
Ⅲ.幼儿园—环境设计
Ⅳ. G617

中国版本图书馆CIP数据核字(2009)第084428号

出版发行：长江出版传媒　湖北美术出版社
地　　址：武汉市洪山区雄楚大街268号B座
电　　话：(027) 87679525　87679563
邮政编码：430070
H T T P：www.hbapress.com.cn
E-mail：hbapress@vip.sina.com
制　　版：武汉精一佳印刷有限公司
印　　刷：武汉精一佳印刷有限公司
开　　本：889mm × 1194mm　1/16
印　　张：6
印　　数：10001-15000册
版　　次：2009年8月第1版
2018年8月第4次印刷
定　　价：40.00元